Peter Jürgen Stäb

Dromedare küsst man nicht

AF792486

Peter Jürgen Stäb

Dromedare küsst man nicht

Vollkommen unperfekte Inklusionslyrik mit beeinträchtigter Illustration

Rediroma-Verlag

Bibliografische Information der Deutschen Nationalbibliothek:
Die Deutsche Nationalbibliothek verzeichnet diese Publikation in der Deutschen Nationalbibliografie; detaillierte bibliografische Daten sind im Internet über http://portal.dnb.de abrufbar.

ISBN 978-3-96103-571-7

www.rediroma-verlag.de
12,95 Euro (D)

Vorwort

Vollkommen unperfekte Inklusionslyrik mit beeinträchtigter Illustration!
Was ist das?
Das Buch „Dromedare küsst man nicht“ ist ein rundherum inklusives Projekt. Es wurde gänzlich von beeinträchtigten Menschen gestaltet.
Mein Dank gilt all jenen Menschen, die mit kreativen Bildern das Buch zum Leben erwecken. Phantasievolle Werke mit interessanten Titeln gaben Ideen zu passenden Texten. Lernen Sie die Künstler und Künstlerinnen ein wenig kennen.
Jedes Buch hat einen inklusiven Hauch, da es nach Überzeugung von Stäb keine Menschen ohne Beeinträchtigung gibt. Bei einigen sind die Handicaps offensichtlich, bei vielen jedoch nicht.
Vollkommen unperfekt, das findet man oft. Vollkommen perfekt, das gibt es nicht! Inklusion ist das Thema, über das zeitgeistig geredet wird- ein sozialpolitisches Schlagwort. Im täglichen Leben findet Inklusion viel zu selten statt. Inklusion und Barrieren sind oft Kopfsache. Dieses Buch beweist, dass unperfekte Menschen wertvolles zustande bringen und viel geben können.

Peter Jürgen Stäb

Inhaltsverzeichnis

Die Eintagsfliege

Die Eintagsfliege hatte Sorgen
Was ist, wenn sie noch lebt am Morgen?
Reicht Rente, Pflege, leidet sie Not?
Nein! Fliegenklatsche schlägt sie tot

Löwenzahn

Eine Löwenzähnin, brav und zahm
Sah einen wilden Löwenzahn
Verliebte sich innig und heiß
Plötzlich war der Zahn ganz weiß

Flogen durch die Luft, die weißen Dinger
Sahen aus wie Fallschirmspringer
Der wilde Zahn, jetzt ein trauriger Bengel
Nichts blieb übrig, nur ein Stengel

Die Löwenzähnin deprimiert
Wünschte sich Kinder, Familie zu viert
Beziehung für wilden Zahn nix ist
Da hat er sich einfach mal verpisst

Künstler: Oliver Dohm

Titel: Engel

Engel

Stell dir mal einen Engel vor
Mit Flügel, Harfe vorm Himmelstor
Sind alle Engel einheitlich?
Was machen Engel eigentlich?

Sie loben und preisen den Herrn
Überbringen dessen Botschaften gern
Jedes Wesen könnte dein Schutzengel sein
Drum sei stets freundlich, niemals gemein

Oliver Dohm

Neben dem Hobby malen ist Oliver Dohm im Fotoclub und Redaktionsteam. Er sammelt gerne Kartenspiele und Bilder von Fußballmannschaften.

Die Schnecke

Ein Schneckerich mit pompösem Haus
Hielt Ausschau nach ´nem Schneckchen aus
Er schleimte hin und schleimte her
Einer Schneckenfrau gefiel das sehr

Die legte Bedenken ab und die eigene Wohnung
Glitschte feuchtig zu ihm, es gab keine Schonung
Nach heißer Nacht wollte sie Kulturbeutel holen
Doch ihr Haus samt Beutel war gestohlen

Sie glitt aus seinem Domizil wie Gott sie schuf
Ihr Haus blieb verschwunden, hörte nicht ihren Ruf
Da schämte sie sich und wurde rot
Als Nacktschnecke lebt sie fortan bis zum Tod

Tausendfüßler

Tausendfüßler hatte Bein gebrochen
Schmerzlich hinkte er ununterbrochen
Es klappte kein Aufstehen und kein Bücken
Ohne Hände halfen auch keine Krücken

Demokratisch rieten die gesunden Beine
Hausarzt aufsuchen, das schaffst du nicht alleine
Er verordnete Ruhe, machte Gipsverband am Knie
Ein kleines Teil lähmte die gesamte Maschinerie

Ein Krankes, aber noch 999 Gesunde
Tausendfüßler im Rollstuhl dreht Runde um Runde
Und eine Erkenntnis macht ihn platt
Dass kleine Ursache so große Wirkung hat

Der Uhu

Selbsttarnend sitzt der Uhu im Baum
Ein ungeübtes Auge sieht ihn kaum
Dreht den Kopf mit Federohren
Als hätte er Wertvolles verloren

Mit Beginn der Dämmerung, hungrig, instinktiv
Wird der Nachtjäger gefährlich aktiv
Hungrig jagt er zwischen Sträuchern und Farnen
Zur Verdauung beginnt er sich wieder zu tarnen

Das Tannenbäumchen

Ein Tannenbäumchen im Gehege
Erfuhr in der Jugend gute Pflege
Hörte im Umfeld spannende Gerüchte
Von Schmuck, Kugeln, Lichter und Früchte

Fasziniert bewarb es sich schnell
Zu Germany`s next Tannenmodel
Hoffte auf ein Leben, prominent und reich
Mit Gold und Geschmeide ohne Vergleich

Als der erste kalte Schnee verweht
Wurde Tannenbäumchen aus dem Leben gesägt
Mit edlen Kugeln, Lametta und Kerzen bestückt
Hat es leblos verwöhnte Kinder beglückt

Schönheit, Reichtum sind begehrlich
Nicht nur für Tannenbaum gefährlich
Der Schönheitswahn wird schnell zur Sucht
Das Leben sinnlos und verflucht

Künstler: Marcus Wagner

Titel: Blaues Meer

Blaues Meer

Auf Fotos sieht man´s, lang ist es her
Es gab einmal ein blaues Meer
Das ist jetzt bunt, weil stark vermüllt
Sich täglich mehr mit Plastik füllt

Ozeane, Fische leiden darunter
Meist geht der Kunststoff nicht mal unter
Müll zu beseitigen ist wahrlich schwer
Blaues Meer, das gibt's nicht mehr

Marcus Wagner

Liebt Musik und singt gerne. Markus Wagner geht mit Freude arbeiten. Er genießt die vielen Freizeitangebote. Jeden Dienstag besucht er das Atelier um zu malen.

Das Zebra

Zebra, ein gestreiftes Pferd?
Nein, uns ist es viel mehr wert
Als Experte für Sicherheitsfragen
Hat es uns sehr viel zu sagen

Viele verdanken dem Zebra das Leben
Beim Überqueren von Straßen eben
Autos drohen Passanten gefährlich zu ergreifen
Doch schützt uns jetzt des Zebras Streifen

Das neue Gehirn

Die Medizin, modern und fortgeschritten
Heut kann man schier um alles bitten
Ein Straßenkehrer dachte mit runzelnder Stirn
Er könne die Welt erobern mit neuem Gehirn

Seinen Wunsch er dem Hausarzt sagte
Und gleich mal nach den Kosten fragte
3000 für Gehirn von Zahnarzt oder Lehrer
Doch das war nichts für den Straßenkehrer

Ein Politikerhirn für ´ne Million, ich weiß
Was rechtfertigt den hohen Preis?
Politikerhirne sind quasi unbenutzt
Der Kehrer hat weiter die Straße geputzt

Künstler: Robert Ensel

Titel: Nachtwolken

Nachtwolken

Der Himmel düster und grau
Ostwind bläst erfrischend lau
Arbeit erledigt, Kühe gemolken
Firmament versteckt sich hinter düsteren Wolken

Nachtwolken beginnen sich zu bewegen
Es tropft leise, gleich kommt der Regen
Plötzlich gießt es wie aus einem Fass
Es duftet gut, die Welt wird nass

Robert Ensel

Herr Ensel genießt sein Rentnerdasein. Er besucht gerne und regelmäßig das Cafe Anders. Herr Ensel liebt gutes Essen. Regelmäßig betätigt er sich kreativ und erschafft seine Bilder.

Der Menschenaffe

Der Menschenaffe ist uns ähnlich
Seine Intelligenz sehr ungewöhnlich
Tarzan erfuhr es am eigenen Leib
Affen tolerierten ihn und sein Weib

Könnten Menschen den Affen das Wasser reichen
Müssten die nicht aus ihrem Umfeld weichen
Die letzten bestaunt man in Zirkus und Zoo
Menschliches Handeln macht Affen nicht froh

Das Mauerblümchen

Unscheinbare Maid an der Mauer sitzt
Schüchtern, ängstlich, schweigend, verschwitzt
Ach käme doch ein Mann und würde bitten
Zum Trinken und tanzen mit rhythmischen Schritten

Sie wird weiter auf alle Feste gehen
Von Männern wird sie stets übersehen
Verzweifelt transpiriert sie, kauft Parfümchen
Duftet jetzt wie ´n Mauerblümchen

Der Prinz

Ein Prinz von königlichem Geschlecht
Kam zur Schule, das fand er gerecht
Lernte lesen, rechnen, schreiben
Durfte erstmals Sport betreiben

Dabei entluden sich seine Träume
Machte unzählige Purzelbäume
Da ging es rund, das fand er tolle
So entstand die Prinzenrolle

Kleiderpflege

Eine Bärin geht fast täglich shoppen
Hat im Schrank ganz viele Roben
Doch Kleiderpflege macht sie krank
Sucht Personal dafür beim Arbeitsamt

Es melden sich bald viele Bären
Braunbär, Eisbär, Koalas wären
Nicht geeignet. Nein, nein, nein!
Es müsste schon ein Waschbär sein

Künstlerin: Anke Wichter

Titel: Busausflug

Busausflug

Heute verreise ich nicht mit dem Zug
Sondern genieße den Busausflug
Hatte Zeit und dachte grad
Melde mich zur Kaffeefahrt

Landpanorama für ein paar Cent
Essen köstlich und opulent
Beim Dessert gabs Eis zum Lecken
Teuer waren nur die Decken

Anke Wichter

Sie arbeitet in einer Wäscherei. Ihre Bilder haben bereits Ausstellungen bestückt. Frau Wichter puzzelt gerne. Sie hat ein sehr gutes Gedächtnis.

Bauer und Bauherr

Ein Bauer und ein Bauherr streiten
Über fruchtbares Ackerland und Weiden
Der Bauer wollte Nahrung anbauen
Bauherr Menschen in Wohnraum verstauen

Bauer durfte keine Flächen mehr nutzen
Bauherr ist seine Immobilien am verputzen
Doch alle Menschen verhungerten währenddessen
Ohne Bauern gibt es nichts zu essen

Amerika

Kolumbus segelte durch unendliche Weiten
Entdeckte Land der unbegrenzten Möglichkeiten
Dort lebt das einzige Volk auf Erden
Wo Schwachmaten Präsidenten werden

Dessen Skandale, Lügen und Korruption
Bringt Weltvölker in schlechte Position
„Amerika first“ vom Präsioden verschrieben
Ach wäre Kolumbus doch zuhause geblieben

Rehlein

Rehmutter spricht zu ihrem Kitz
Jäger schießen auf uns, das ist kein Witz
Rehlein hört da gar nicht hin
Springt munter, ist im Wald schnell drin

Am Abend, es ist nicht mehr hell
Rehlein will zur Mutter schnell
Springt aus dem Wald durch eine Lichtung
Genau in des Jägers Richtung

Der zögert nicht und schießt mit Schrot
Rehlein stirbt einen jungen Tod

Wilde Schweine

Keiler sah eine Wildsaufrau
„Die krieg ich rum!“ dachte er schlau
Suhlte sich in Schlamm und Dreck
Hatte Spaß, war hin und weg

Frau Wildsau beobachtete berührt
Ahnte, was er im Schilde führt
Ließ sich auf das Spielchen ein
Keiler war ein geiles Schwein

Kamen sich näher in Schlamm und Dreck
Wildsaufrau zeigte sich keck
Wurde später dick wie eine Nudel
Gebar ihr erstes Wildsaurudel

Künstler: Viktor Müller

Titel: Rotes Gespenst

Rotes Gespenst

Es spukt im Haus während der Nacht
Geklapper, Schreie erschrecken mit Macht
Das Gespenst wird jede Nacht aktiv
Seitdem es spukt, ich nicht mehr schlief

Jetzt werde ich die Geister jagen
Versuchen in die Flucht zu schlagen
Das Gespenst, blass wie der Tod
Sieht mich, schämt sich und wird rot

Victor Müller

Herr Müller ist Stammgast in der Cafeteria. An allen Veranstaltungen nimmt er mit Freude teil. Besonders toll findet er die Ferienfreizeiten.

Herrmann F.

Herrmann F. ist stark dement
Orientierungslos durch Flure rennt
Weiß nicht wo er grade ist
Hat jetzt in die Bux gepisst

Was Toilette ist, hat er vergessen
Kann nicht mehr alleine essen
Erkennt seine Kinder auch nicht mehr
Normales Leben ist lange her

Wirkt stets unruhig und getrieben
Wenn er hinfällt, bleibt er liegen
Sprache hat er längst verlernt
Sein Gehirn komplett entkernt

Nichts von früher ist geblieben
Hilflos sind auch seine Lieben
Medikamente helfen nicht mehr
Herrmanns Würde leidet sehr

Wie lange muss er noch ertragen?
Monate, Jahre? Kann keiner sagen
Auch die Familie leidet Not
Wünscht sich manchmal Herrmanns Tod

Das hätte Herrmann nicht gepasst, nein
Den Lieben wollt´ er keine Last sein
In seltenen wachen Momenten
Kann unter Tränen das Schicksal nicht wenden

Künstlerin: Christel Hirscher

Titel: Abenddämmerung

Abenddämmerung

Ein schöner Tag neigt sich dem Ende

Die Arbeit ruht und meine Hände

Leg ich in den Schoß und schließe

Meine Augen. Ich atme und genieße

Die farbenfrohe Abenddämmerung bis spät

Der Mond erscheint, die Sonne geht

Christel Hirscher

Sie hat viele Erinnerungen an ihre Kindheit und erzählt gerne darüber. Sie genießt ihre Geburtstage und lädt das ganze Jahr über ihre Freunde ein.

Gewalt gegen Frauen

Einst war er ein zärtlich lieber Mann
Urplötzlich schreit er sie laut an
Was soll sie tun, ist unentschlossen
Grundlos zornig, kriegt eine geschossen

Er schreit, er schlägt, sie blutet
Die Schuld sie bei sich selbst vermutet
Sie wäre gern schon oft gegangen
Doch fühlt sich irgendwie gefangen

Psychoterror, Verletztheit vertuscht sie nach außen
Vergewaltigt wird sie ohne Pausen
Wie oft schon wollte sie es ihm zeigen
Kraftlos bleibt ihr nur das Schweigen

Jetzt ist sie ein psychisches Wrack
Keine Hoffnung, kein Leben mehr hat
Ist ihm hörig, willenlos
Wenn er weg ist, heult sie los

Manches Mal wurde Hilfe angetragen
Furchtvoll, panisch hat sie abgeschlagen
Die Angst trieft ihr aus den Händen
Will ihr Leben selbst beenden

Männer, gewalttätig gegen Frauen
Wirken seriös, kann man ihnen trauen?
Hört Frauen! - Schreit laut Hilfe raus!
Geht zur Polizei, zu Freunden, ins Frauenhaus

Gewalttätige Männer muss man bestrafen
Flüchtet wenn sie zufrieden schlafen
Bewährung ist nichts, sie sollen leiden
Man sollte ihnen die Eier abschneiden!

Das Krokodil

Ein gefährlich, imposantes Riesenreptil
Lang beschwanzt, - das Krokodil
Flacher, langer Körper mit vier Beinen
Nennt man auch Panzerechse im Allgemeinen

230 Millionen Erdenjahre wären zu erwähnen
Das Maul bestückt mit gut 70 Zähnen
Das hat so mancher schier vergessen
Und ruckzuck wurde er gefressen

Die Gefährlichkeit des grünen Reptils
Beeindruckt die Modeindustrie nicht viel
Lassen es töten in aller Ruhe
Für teure Handtaschen und Schuhe

Karma

Heute werde ich nicht ruh`n
Stattdessen was fürs Karma tun
Physisch, energetisch in Gedanken
Das nächste Leben wird mir`s danken

Immer positiv, mit guten Taten anderen dienen
Will nicht im zukünftigen Dasein sühnen
Kein Essen verschwenden, auch wenn es vergoren
Sonst wird man als Mehlschwitze wieder geboren

Künstler: Winfried Karbach
Titel: Raumstation

Raumstation

Auf der Erde wird's eng für die Zivilisation
Lösung wäre eine Raumstation
Auf der könnten Menschen leben
Doch wem will man die Chance geben?

Nur eine Handvoll von Milliarden
Würden in das Weltall starten
Wer hat das Recht zu wählen?
Wirst du zu den Auserwählten zählen?

Winfried Karbach

Herr Karbach hat bereits einige Erfolge mit seinen Bildern erreicht, z.B. das Titelbild des Kalenders: „Menschen mit Behinderungen malen" Er setzte sich gegen viele Bewerber durch

Der Lift

Großstädtig lebt der frohe Klaus
In Etage vierundzwanzig im hohen Haus
Jeden Morgen per Lift geht´s runter
Marschiert dann zur Arbeit ganz munter

Abends drückt er im Lift auf vierzehn
Wird zehn Etagen fusswärts gehen
Warum quält er freiwillig sein Schuhgewerk?
Kann nicht höher drücken, ist ein Zwerg

Eier

Einst trafen sich, ich glaub im Mai
Ein braunes und ein weißes Ei
Das Weiße sprach: „Warst du im Süden?
Und ließest dich in der Sonne brüten?"

Das Braune sprach: „Ach was!
Aber du wirkst krank und blass!
Hast ´nen roten Stempel auf der Stirn"
„Und du hast auch einen auf deinem Hirn!"

Fing das weiße Ei an rum zu mucken
„Komm, lass uns in den Spiegel gucken!"
Das machten dann die zwei
Seit dem gibt´s das Spiegelei!

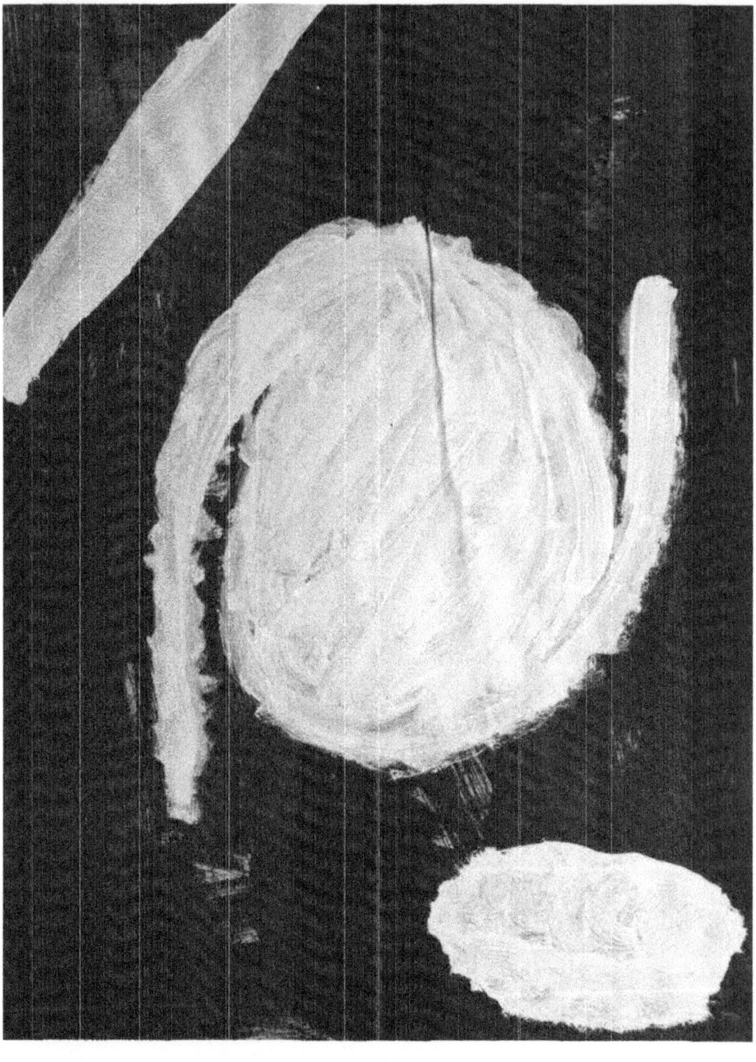

Künstler: Timo Gärtner

Titel: Reise in die Unendlichkeit

Reise in die Unendlichkeit

Weltraumtouristik ist real
Für reichlich Kohle kann man mal
Ins Universum reisen, lang und weit
Schrammt an der Unendlichkeit

Nach ein paar Tagen geht's retour
Landet auf Erdball um drei Uhr
Die Reise zeigt dir, wer du bist
Und dass Unendlichkeit doch endlich ist

Timo Gärtner

Herr Gärtner findet Politik spannend. Er schreibt alle Weltpolitgrößen an. Meist erhält er Antwort. Ein weiteres Hobby ist das Universum. In der Zeitung „Andersrum“ schreibt er regelmäßig.

Steht auf

Fleißig arbeiten wir Tag für Tag
Hochmotiviert, was keiner glauben mag
Über sechs Monate schuften nur für den Staat
Damit der genug Einnahmen hat

Soli, Sozialversicherung, Steuer
Machen das Leben in Deutschland teuer
Immer weniger bleibt vom Lohn
Das ist Abzocke, großer Hohn

Wie lange lässt man das noch zu
Es brodelt, doch das Volk hält Ruh
Schaut nach Frankreich mal am besten
Das Volk schreit auf in gelben Westen

Demonstrieren statt zu lallen
Lassen sich Abzocke nicht mehr gefallen
Zeigen Ausdauer und Solidarität
Beweisen uns, dass es geht

Man neidet, dass sie sich das trauen
Wir wollen uns die Zukunft nicht verbauen
Zu brav, zu feige, um Widerstand zu geben
Suchen lieber ´nen Zweitjob zum Überleben

Künstlerin: Rita Lukas

Titel: Blumenwiese

Blumenwiese

Bunt, riecht gut, so frisch wie diese
Sommerliche Blumenwiese
Es summt und brummt rund um die Blüten
Vögel auf den Eiern brüten

Ein schönes Bild, lädt zum Verweilen
Entspannt hörts auf mit dem Beeilen
Mensch und Natur brauchen Blumenwiesen
Pass auf sie auf und tu´s genießen

Rita Lukas

Neben dem malen legt Frau Lukas großen Wert darauf, Veranstaltungen in ihrer alten Heimat Alterkülz besuchen zu können. Ihre Verwandtschaft trifft sie auch gerne.

Lama

Ein Lama liegt auf saftigen Wiesen
Will relaxen und genießen
Bevor es weiterzieht durch die Anden
Dort leben seine Onkel und Tanten

Beste Wolle verspricht feinhaariges Fell
Ein Mensch bemerkt das super schnell
Will das Lama plötzlich fangen
Um an teure Wolle zu gelangen

Das kann das Lama gar nicht jucken
Es wird ihm auf die Nase spucken
Ein Pfund Rotze im Gesicht
So leicht gibt's die Wolle nicht

Pilze

Einer Pilzfrau mit weißem Stengel, schönem Hut
Ging es unter Birken und Fichten recht gut
Fehlt nur ein starker Pilzerich
Einen Schwachen will sie nicht

Da wuchs dann einer, schaute schnatz
Nur kam er nicht von seinem Platz
Die Pilzin wurde rot bei den Hecken
Bekam hektisch weiße Flecken

Sie begann den Pilzerich zu lieben
Ach könnte der doch zu ihr fliegen
Der mühte sich, fiel um, blieb liegen
Auf ihm tummeln sich jetzt Fliegen

Dromedar

Teil 1

Als Erika, das Dromedar
Zum ersten Mal ´ne Trommel sah
War es sofort fasziniert
Wirkte gar hypnotisiert

Dann machte die Trommel: **BUMM!**
Und schon war die Hypnose um
Aufgeschreckt rennt Erika
Von Afri- bis Amerika

Dromedar

Teil 2

Als Erika das Dromedar
In Amerika gestrandet war
Es sodann sehr schnell erkennt
Großer Arsch regiert Kontinent

Das ist für sie schier unerträglich
Verlässt das Land so schnell wie möglich
Doch bei uns wird ihr Bleiberecht begrenzt
Ist auch nicht alles Gold was glänzt

Künstler: Ralf Junker **Titel:** Im Schwimmbad

Künstler: Ralf Junker **Titel:** Das rote Pony

Im Schwimmbad

Ich treibe Sport, bin am trimmen
Im Sommer geht´s ins Schwimmbad schwimmen
Früher durfte man nur in die Pfütze
Mit einer scharfen Bademütze

Meine Freunde lieben Wasser sehr
Schwimmen hin und schwimmen her
Heute hör ich kritische Stimmen
Nicht alle Kinder lernen schwimmen

Das rote Pony

Das Pony ist ein kleines Pferd
Für große Pferde wenig wert
Das ärgert das Tier, vor Wut wird es rot
Blutdruck steigt, es fällt um und ist tot

Dromedar

Teil 3

Als Erika das Dromedar
Begrenzt bei uns in Deutschland war
Aufenthalt recht schnell vorbei
Weiter ging´s in die Türkei

Sie fand es schön am Bosporus
War froh, dass sie nicht weitermuss
Trotzdem nicht länger bleiben kann
Akzeptiert nicht Diktator Erdogan

Dromedar

Teil 4

Als Erika das Dromedar
Die Türkei von hinten sah
Probierte sie mal Linksverkehr
Und kam zu den Engländehr

Die Monarchie nur Schein, oh Graus
Great Britain ruft den Brexit aus
Schwächt sich selbst und die EU
Erika geht, sagt nix dazu

Künstler: Oliver Dohm

Titel: Wiesel im Frühling

Wiesel im Frühling

Das Wiesel ist eine Marderart
Die die eisige Jahreszeit nicht mag
Kann das Winterende kaum erwarten
Jagt Mäuse im Frühling in deinem Garten

Dromedare küsst man nicht

Für Erika das Dromedar
Great Britain eine Niete war
Marschierte sie schon mal
Ins große Reich an den Ural

Zum Bruderkuss hielt ihr Putin
Beide Wodkawangen hin
Nord Stream die EU zerbricht
Dromedare küsst man nicht

Glückskäfer

Ein kleiner Käfer mit sechs Beinen
Der Rücken scheint tief rot zu scheinen
Schwarzer Kopf, dran sind zwei Fühler
Flink im Warmen, lahm wenn´s kühler

Zufrieden war er mit seinem Aussehen nicht
Da fehlt noch was aus seiner Sicht
Eines Tages er es wagte
Dem Herrn die Traurigkeit beklagte

Dieser ihm direkt mal funkte
Geh Einkaufen, kriegst Payback-Punkte
Sind schwarz nun auf dem roten Rücken
Als Marienkäfer wird er beglücken

Weihnachtsmarkt

Lass uns den Weihnachtsmarkt besuchen
Gibt Glühwein, Punsch und Honigkuchen
Nüsse, Mandeln, Zuckerwatte
Currywurst und Kaffee Latte

Weihnachtsschmuck stellt man aus
Und es kommt der Nikolaus
Es ertönen schöne Lieder
So wie alle Jahre wieder

Kinder möchten stets ganz schnell
Auf das Kinderkarussell
Alle haben dich ganz lieb
Besonders auch der Taschendieb

Zum Jahreswechsel

Wenn das Jahr zu Ende geht
Ein Neuanfang just bevorsteht
Ist die rechte Zeit gekommen
Wird sich etwas vorgenommen

Nicht mehr rauchen, trinken, ´ne Diät
Manches nicht so einfach geht
Ich wünsche euch fürs neue Jahr
Das es besser wird als das was war

Künstler: Ralf Junker **Titel:** Schmetterling

Schmetterling

Die bunte Blumenwiese duftete grün
Nach Veilchen, Klatschmohn und Jasmin
Schmetterlinge mit prächtigen Farben
Flatterten verträumt, erfreuten uns und starben

Ralf Junker

Herr Junker sammelt gerne Tierbücher. Darüber hat er sich großes Wissen angeeignet. Auch Plüschtiere und Schlager sind seine Leidenschaft. Über Freizeitangebote freut er sich.

Gerechtigkeit

In Städten wimmelt es von Dieselfahrverboten
Beschlossen, befohlen von diversen Idioten
Autoindustrie die Käufer betrog
Und falsche Abgaswerte vorlog

Jetzt will man **Stickoxydemissionen** einsparen
Zwingt die Diesler zum Umwege fahren
Und erreicht genau das Gegenteil
Ausstoß erhöht sich, ist das nicht geil?

Politik will Dieselfahrer finanziell verletzen
Gerecht wäre, Autobauer müsste Schäden ersetzen
Doch helfen denen Polit-Lobbyisten
Man müsste den ganzen Mob ausmisten

Rentner

In einem der reichsten Länder der Welt
Verfügen zu viele Rentner über zu wenig Geld
Arbeiteten viele Jahre hart und gut
Jetzt leben sie in Altersarmut

Jahrzehnte hat Staat von der Lohnsteuer gezehrt
Jetzt ist der Rentner nichts mehr wert
Einzig für den Staat würde es sich lohnen
Rentner stirbt früh um die Kasse zu schonen

Gewichtsreduktion

Heute stand ich auf der Waage
Zu dick, zu schwer, keine Frage
Jetzt ist die Zeit gekommen
Gnadenlos wird abgenommen

Kein Fett mehr, keine Schokolade
Keine Torte, Alkohol, null Marmelade
Kein Fastfood und keine Butter
Keine Soßen und kein Zucker

Nur Tee und Wasser trinken
Salat und Quark bis zum Abwinken
Kommen Heißhungerattacken
Direkt aufs Klo und kräftig kacken

Ständig Gewicht kontrollieren
Jeden Tag beim Sport brillieren
Wenn´s nicht klappt, wird laut geflucht
Hab es wenigstens einmal versucht

Jetzt hab´ ich zufällig entdeckt
Wie man umgeht Jo-Jo-Effekt
Sei vom Abnehmen nicht so besessen
Musst einfach lecker weiter essen

Künstlerin: Anke Wichter

Titel: Voodoo Puppe

Voodoo Puppe

Die Voodoo Puppe stellt man her
Glaubt, es straft das Feindbild sehr
Durch Puppenstechen mit Vergnügen
Betreffendem Schmerz zuzufügen

Zerstörungszauber lässt Ängste teilen
Doch angeblich kann Voodoo heilen
Ob´s funktioniert mit der Magie
Beweise gab´s dafür noch nie

Opa

Opa war nur noch am lallen
Sind alle Zähne ausgefallen
Zahnersatz ist überteuert
Opa bist du denn bescheuert?

Vorwurfsvoll die Kinder rieten
Du bist zu alt zum Zähne kriegen
Hast nicht mehr viel Zeit zum Sterben
Denk doch mal an deine Erben

Opa lallte lange noch in diesem Falle
Überlebte die Verwandten alle
Ohne Zähne, den kleinen weißen
Vermochte er nicht ins Gras zu beißen

Das Faultier

Gehört zur zahnarmen Gattung der Säugetiere
Zehn Zentimeter lange Krallen an allen vieren
Extremitäten, meist hängend kopfüber im Baum
Das Faultier. Es bewegt sich kaum

Schlafen bis zwanzig Stunden am Tag
Erledigt alles kopfüber, ich sag
Fressen, schlafen, paaren, gebären, träumen
Leben bald vierzig Jahre auf Bäumen

Selbst nach dem Tod hängen sie weiter im Geäst
Was sie ganz selten herabsteigen lässt
Ist Suche nach einem neuen Baum und so
Muss es dann auch mal aufs Faultierklo

Schildkröten

Vier Beine, Kopf und Schwänzlein pochen
An stabilen Panzer, bestehend aus Knochen
Langsam beginnt das Tier sich zu regen
Behäbig in bestimmte Richtung zu bewegen

Ziel ist Ort der Geburt zwecks Eierablage
Kommen mehrere hundert Eier zu Tage
Der Mensch hat an Schildkröten Interesse
Bewertet sie als schmackhafte Delikatesse

Schildkröten verbringen viel Zeit auf Erden
Können über hundert Jahre alt werden
Und fürchten sie mal schlechtes Glück
Ziehen sie sich in den Panzer zurück.

Kaffeekränzchen

Meine Frau mit Pferdeschwänzchen
Erzählte gern auf Kaffeekränzchen
Thematisierte alles, dies und jenes
Über Nichtanwesende nichts Schönes

Und alle stimmten fleißig zu
Nur gegenseitig hielt man Ruh
Drum sitzt Schwänzchen endlos lang
Das man über sie nix tratschen kann

Künstler: Marcus Wagner

Titel: Novembergrau

Novembergrau

Die Jahreszeit ist trist und trübe
Man fühlt sich schlapp und oftmals müde
Ach wäre es heiter, der Himmel blau
Noch deprimiert Novembergrau

Rudi

In der Landwirtschaft war Rudi tätig
Hatte alles, Gott war ihm gnädig
Ackerbau, Ziegen, Schweine, Kühe
Als Selbstversorger viel Arbeit und Mühe

Er hatte fruchtbare Streuobstwiesen
Die brachten ihm das Obst zu diesen
Hochprozentig, leckeren Bränden
Die ließen sein Leben **voll** früh beenden

Hänsel und Gretel

Hänsel und Gretel sind ausgewandert
In Lateinamerika verankert
Um sich vor der Hexe zu verstecken
Hinter mächtigen Bäumen und Hecken

Doch waren sie kilometerweit zu sehen
Weil da keine Bäume mehr stehen
Alles abgeholzt für Palmöl und so Sachen
Das fand die Hex auch nicht zum Lachen

Sehr frei nach den Gebrüdern Grimm

Künstler: Ralf Junker **Titel:** Bulldog mit Hänger

Künstler: Ralf Junker **Titel:** Eltern

Bulldog mit Hänger

Früher nutzte man Pferd und Wagen
Brauchte die Lasten nicht mehr zu tragen
Pferde wollten das nicht länger
So erfand man den Bulldog mit Hänger

Eltern

Sie prägen dein Leben
Unendlich viel Liebe geben
Behüten dich, bieten Schutz
Befreien dich von Last und Schmutz

Lehren, dich selbst zu achten
Mitmenschen respektvoll betrachten
Stützen in allen Lebensfeldern
Bleiben immer deine Eltern

Rosen

Teil 1: Romantisch

Tausend rote Rosen in Gedanken
Schenk ich dir jeden Tag
Du brauchst dafür nicht zu danken
Tu ich gern, weil ich dich mag

Rosen

Teil 2: Unromantisch

Das ist einfacher als laufen
Um eine Rose pro Tag zu kaufen
Ich weiß, die echte Blume dir gefällt
Doch spart es so ´ne Menge Geld

Teufel

Einst kam der Teufel mich besuchen
Ich würde aus der Hölle fluchen
Dort müsst´ ich hin nach meinem Leben
Ich hätte mich fast übergeben

Er lachte laut, als er mich krallte
Ich sagte, was ich von ihm halte
Ein guter Teufel ist mausetot
Oder FCK-Fan, Lauternrot

Schneewittchen

Der Klimawandel die Welt erhitzt
Die Arktis schmilzt, alles schwitzt
Der Meeresspiegel steigt schnell an
Das man sich drin sehen kann

Schneewittchen Zauberspiegel rasch versteckt
Hofft, Stiefmutter nun bald verreckt
Doch als Zauberin mit magischem Siegel
Nutzt sie jetzt den Meeresspiegel

Spieglein, Spieglein auf dem Sand
Lass übrig mir noch etwas Land
Spieglein hör auf meine Stimmen
Leider kann ich gar nicht schwimmen

Noch freier nach den Gebrüder Grimm als Hänsel und Gretel

Künstler: Oliver Dohm

Titel: Sonne im Abendrot

Sonne im Abendrot

Der Tag war schön, sonnig und heiter
Zum Feiern ideal, abends geht's weiter
Romantisch mit Grill, Wurst und Brot
Kühles Bier bei Sonne im Abendrot

Spinnen

Die Spinne baut cool ohne Hetze
Architektonisch hochwertige Netze
Und lockt damit Insekten an
Damit sie die verspeisen kann

Sie wirken mystisch und geheimnisvoll
Menschen finden Spinnen gar nicht toll
Voller Furcht flüchten sie von hinnen
Die Spinnen denken nur: Die spinnen!

Im Dschungel

Jedes Jahr im Januar
Ruft der Dschungel, ha ha ha
Angeblich bekannte Prominente
Fressen Insekten und Exkremente

Möchten sich darstellen in der Welt
Fast alle aber brauchen Geld
Null Sterne, kaum Essen, oh wie schwer
Die meisten sind so hell wie Teer

Die Zuschauer sind Peepshowsadisten
Genießen die Not der Dschungelstatisten
Und die ekeln sich nicht wenig
Wer wird diesmal Dschungelkönig?

Künstlerin; Rita Lukas
Titel: Tulpen aus Alterkülz

Tulpen aus Alterkülz

Frühling ohne Tulpen wird es nie geben
Gehört dazu zum blühenden Leben
Bekannt sind Tulpen aus Amsterdam
Die schönste jedoch aus Alterkülz kam

Alterkülz ist ein kleines Dorf der Verbandsgemeinde Kastellaun

Cäsar und Kleopatra

Als Cäsar in Ägypten war
Sah er Liebreiz Kleopatra
Schon war es um ihn geschehen
Konnte kaum noch schmerzfrei gehen

Fiel auf die Kniee vor ihr hin
Das gefiel der Königin
Leidenschaftlich sie genießen
Historisch ist das nicht bewiesen

TV

Lassie, Flipper, Fury waren
Sendungen, die wir gerne sahen
Bonanza, High Chapparal, Dallas
Lief stetig ohne Werbung alles

Heute zählen die Zuschauerzahlen
Für Werbung, Wiederholungen muss man zahlen
In allen Programmen dieselben Themen
Gebühreneinzugszentrale kann sich´s ja nehmen

Milliardeneinnahmen, kommen nicht damit rum
Verkaufen uns Zuschauer für dumm
Gebührenerhöhungen automatisieren
Ohne zu fragen abkassieren

Dornröschen

Jung und hübsch, am schlafen
Ist Prinzessin. Fee wollte strafen
Unzählige Prinzen versuchten zu wecken
Verwesen jetzt hängend in Dornen und Hecken

Hundert Jahre später ist es soweit
Prinzessin schläft langsam aus mit der Zeit
König schickt Nix Nutzprinz, den Penner
Der denkt: „Leck mich, steh auf Männer!“

Wieder sehr frei nach den Grimmbrüdern

Die Frau des Fischers

Des Fischers Frau den Mann dressiert
Mit nervigen Liedern drangsaliert
Singt schrill in lauten Tönen und leisen
Da flieht sogar der Silbereisen

Obwohl der´s auch nicht besser kann
Heuert als Traumschiff Käpt´n an
Auf Weltmeeren singt er jetzt munter
So schlecht, das Schiff geht freiwillig unter

So frei nach den Gebrüdern Grimm, dass die es wahrscheinlich selbst nicht zuordnen könnten

Künstlerin: Anke Wichter

Titel: Oranges Auto

Oranges Auto

Das Auto steht für Flexibilität
Ohne Auto bei uns auf dem Land nix geht
Man hegt und pflegt es individuell
Tiefer gelegt, verspoilert und schnell
Bunt lackiert mit Streifen drauf
Oranges Auto, das fällt auf

Alle Menschen sind gleich

Familien verfolgt und ermordet
Die Versorgung erliegt dem Krieg
Der Diktator Reichtum hortet
Für scheinheilig religiösen Sieg

Volk stirbt durch Hunger und Seuchen
Verzweifelt nach Lösung sucht
Schlepper nehmen sie aus und täuschen
Hoffnung bringt gefährliche Flucht

Zu Fuß tausende von Kilometer
Mit Schlauchboot übers Meer
Kleine Kinder, Mütter und Väter
Weg ins gelobte Land ist schwer

Nur wenige werden es schaffen
Bis in unser reiches Land
Viele werden sie begaffen
Bedrohung kommt vom rechten Rand

Die Oberen handeln hilf- und planlos
Finden kein Rezept für der Geflohenen Glück
Treffen Diktatoren in Büros
Und schicken viele wieder zurück

Damit sie weiter mit Waffen anbandeln
Rohstoffe ausbeuten und billig bezieh´ n
Auf dem Rücken der Ärmsten verhandeln
Dass die krepieren, nehmen sie hin

Eine Frage muss man sich stellen
Was ist ein Menschenleben wert?
Dass man sich in allen Fällen
Gegen Verfolgte so wehrt

Alle Menschen sollten gleich sein
Doch scheinen einige viel gleicher
Die werden immer arm sein
Fühlen sich nur reicher

Künstlerin: Rita Lukas

Titel: Die Tanzenden

Die Tanzenden

Wo Musik ist, lass dich nieder
Höre den Rhythmus und die Lieder
Geh zu den Tanzenden, beweg dich im Takt
Die Bewegung deinen Körper packt

Schrittfolge hin, Popo wackeln her
Tanzen macht Spaß und ist nicht schwer
Machst du es richtig, rinnt der Schweiß
Da wird es selbst dem Zuschauer heiß

Das Segelboot

Teil 1

Ein kleines schmuckes Segelboot
Dessen Segel purpurrot
Planlos auf den Meeren trieb
Weil ihm sonst nichts übrigblieb

Das Meer war glatt, nicht eine Welle
Segelboot trieb auf der Stelle
Käpt‘n rief Klabautermann
Ob der ´ne Brise schicken kann

Das Segelboot

Letzter Teil

Das kleine schmucke Segelboot
Wollte die ganze Welt umsegeln
Wird von Piraten streng bedroht
Käpt‘n versucht gütlich zu regeln

Situation scheint aussichtslos
Piraten fordern Rum zu trinken
Einer auf das Schiffchen schoss
Es begann sofort zu sinken

Es war einmal ein Segelboot
Das liegt jetzt auf dem Meeresgrund
Die ganze Mannschaft ist jetzt tot
Piraterie bedeutet Schwund

Gutes sagen

Der Mensch erlebt Glück und Not
Irgendwann trifft er den Tod
Familie, Freunde zur Trauer beten
Nur Gutes über Verstorbenen reden

Das hat bei uns lange Tradition
Da frage ich mich manchmal schon
Nur nach dem Tod Gutes zu sagen
Das könnte man auch zu lebenden Tagen

Volkssport Nr. 1

Vierundvierzig Beine laufen einem Fußball hinterher
Ein Tor zu schießen ist nicht einfach sondern schwer
Ist der Ball dann eingeschlagen
Erstmal Video befragen

Ob das Tor tatsächlich zählt
Oftmals wird es abgewählt
Für die einen gut, für andere ein Scheiß
So ist das beim Fußball mittlerweile, wie man weiß

Volkssport war das für die meisten
Jetzt kann´s sich kaum noch einer leisten
Fans werden unwichtig für die Fußballerwelt
Sport ist zweitrangig, zählt nur noch Geld

Künstler: Marcus Wagner

Titel: Frühlingserwachen

Frühlingserwachen

Die Sonne kämpft täglich um mehr Zeit
Krokusse sprießen, Bienen machen sich bereit
Man genießt die Zeit, will vieles draußen machen
Ist immer wieder schön, das Frühlingserwachen

Letzter Titel

Lass dich erheitern mit meinen Worten
Schmunzel drüber an allen Orten
Lache laut und denk manchmal nach
Humor hält deine Sinne wach

Lachen ist die beste Medizin
Das Buch der beste Weg dahin
Kaufe und schenk´ es Freunden und Bekannten
Sie und ich werden dir ewig danken

Weitere Bücher von Peter Jürgen Stäb

Wer glaubt denn sowas!?

Biblische Lyrik für Menschen mit Humor
ISBN: 978-3-96103-403-1
VK 8,95 Euro

Staunende Gesichter

Flüssige, leicht lesbare Verse, wie man sie heutzutage selten findet

ISBN: 978-3-96103-250-1
VK 7,95

Spannende Abenteuer im Zauberwald

Beweist, dass es unheimlich, spannend und abenteuerlich zugleich ist, wenn man es schafft, auch mal leise sein zu können ...

ISBN: 978-3-96103-289-1
VK 9,95 Euro

Wie ich meinen Traum „Bücher schreiben und veröffentlich" verwirklichte

ISBN: 978-3-96103-537-3
VK 24,95 Euro
VK E-Book 9,95 Euro

www.peter-staeb.de